Inhalt

Außenwerbung - Vom Litfaßsäulen-Plakat zur Stadtmöblierung

Kernthesen

Beitrag

Fallbeispiele

Zahlen und Fakten

Weiterführende Literatur

Impressum

GENIOS BranchenWissen Nr. 01 vom 22.01.2014

Außenwerbung - Vom Litfaßsäulen-Plakat zur Stadtmöblierung

Anja Schneider

Kernthesen

- Zur Außenwerbung zählen nicht nur das Plakat an der Litfaßsäule und die große Werbetafel, sondern längst auch City Lights, digitale Werbeflächen, 3D-Poster bis hin zur so genannten Stadtmöblierung.
- Sie erreicht am deutschen Werbemarkt verglichen mit anderen Werbeträgern nur einen Anteil von fünf Prozent.
- Doch sie gewinnt in der Werbebranche an Aufmerksamkeit, unter anderem weil sie in crossmedialen Kampagnen Lücken anderer Werbegattungen schließen kann.
- Den deutschen Out-of-Home-Markt

dominieren die Kölner Ströer AG und die Berliner Wall AG. International tonangebend ist die französische JCDecaux.

Beitrag

Außenwerbung ist nicht auszuschalten oder wegzuklicken

Außenwerbung hat eine ganz besondere Eigenschaft: Wir entgehen ihr nicht! Außenwerbung.Trifft.Jeden., so wirbt der Fachverband Außenwerbung (www.faw-ev.de). Sie wirkt auf uns, sobald wir die eigenen vier Wände verlassen. In der Großstadt reicht schon der Blick aus dem Fenster. Wir können sie nicht ein- oder abschalten, an- oder wegklicken, sie fängt unsere Aufmerksamkeit ungefragt. Gerade deshalb wurde die Out-of-home-Werbung mancherorts schon mal verboten, so etwa einst in Paris oder entlang amerikanischer Autobahnen. In letzter Zeit rückt sie stärker in den Fokus der Werbebranche. Kreativ und verlockend inszenieren die Werbegestalter die Außenwerbung, um bei uns als potenziellen Käufern des beworbenen Produkts oder Unternehmens fürs Hinschauen zu sorgen. Vor allem in großen Städten, an Straßen, Plätzen, in Shopping-Malls,

Bushaltestellen, Bahnhöfen und Flughäfen legt ihre Bedeutung zu. Die Werber wollen möglichst nah ran an die dort vorbeihastende oder verweilende urbane mobile Zielgruppe.

Vom Plakate kleben zur Stadtmöblierung

Zu den klassischen Werbeträgern in der Außenwerbung zählen Nasenschilder, also die nach vorne ragenden Zeichen, die etwa auf ein Restaurant aufmerksam machen sollen (so beispielsweise ein Messinglöwe für Zum goldenen Löwen). Eine lange Geschichte haben auch die analogen Plakate und Poster, die an die Litfaßsäulen geklebt werden - erstmals vom Berliner Namensgeber Ernst Litfaß im Jahre 1955. In den fünfziger Jahren kamen die Großflächenplakatwände hinzu, heute gibt es riesige Tafeln, Mega-Boards, aufblasbare Werberahmen und 3D-Poster. Außenwerbung begegnet uns bei jeder Schaufensterwerbung, bei Werbung auf Fahrzeugen wie Bussen, Straßenbahnen, Taxis sowie auf Fahrzeuganhängern, die speziell umgebaut wurden und nur als Werbeträger dienen.

Die moderne Plakatform ist das so genannte City Light Poster (CLP). Es macht sich in Deutschland seit Mitte der 1980er Jahre vor allem in Innenstädten zunehmend bemerkbar. Die Besonderheit der City Lights liegt darin, dass sie nicht wie das klassische Plakat von vorne, sondern von hinten beleuchtete und hinter Glas geschützte Werbeflächen sind. Sie leuchten auch in den Abendstunden und in der dunklen Jahreszeit und sorgen für Aufmerksamkeit. Häufig zeigen sie dem Betrachter nicht nur ein Motiv, sondern mehrere Motive wechseln sich ab, sie rotieren. City Lights werben zumeist an prominenten, stark frequentierten Plätzen im innerstädtischen Bereich, beispielsweise in Wartehallen für Busse, Straßenbahnen und U-Bahn-Stationen. Es gibt sie in Flughäfen, in Einkaufszentren, an Baugerüsten, an Außenmauern oder frei stehend. Die Außenwerber lassen sich immer wieder etwas Neues einfallen. So gibt es beispielsweise auch schon sprechende oder musizierende Plakate.

Das reine Plakate kleben gilt in der Branche zunehmend als Schnee von gestern. Heute spricht sie von der Stadtmöblierung. Seit sich die Interessen von Kommunen, Flughäfen, Bahnhöfen (Werbeeinnahmen!) und Werbern (Werbeflächen!) vermischen und Stadtmöbel auf öffentlichem Grund mit Werbung aufgestellt werden dürfen, hat sich ein eigener Industriezweig entwickelt. Die Kommunen vergeben die lokalen Werberechte auf öffentlichem Grund und Boden und schließen mit Außenwerbern langfristige Pachtverträge. Die Stadtmöblierer entwerfen die Stadtmöbel, bauen sie auf, halten sie instand und dürfen die Werbeflächen vermarkten. In immer mehr deutschen Städten werden im öffentlichen Raum unansehnliche Plakatwände abgebaut. Die Stadtmöblierung steht mittlerweile für 40 Prozent der Außenwerbung in Deutschland, Tendenz weiter wachsend, so JCDecaux. (1)

Out-of-home schließt Lücken in crossmedialen Werbekampagnen

In crossmedialen Werbekampagnen übernimmt die Außenwerbung eine wichtige Funktion, weil sie andere Medien ergänzen und neuerdings auftretende Lücken schließen kann. Auf Plakaten und Citylights finden sich häufiger eine kurze Webadresse oder ein QR-Code, die es dem potenziellen Kunden erleichtern sollen, sein Interesse sofort - via Smartphone - zu vertiefen. Das Werbemedium Plakat sorgt für Aufmerksamkeit, die mobile Zielgruppe kann über ihr Mobiltelefon umgehend interagieren, beispielsweise für ein Auto gleich mal eine Probefahrt vereinbaren. (2)

Die Reichweite der Fernsehwerbung sinkt tendenziell. Vor allem junge Menschen schauen weniger fern, sie nutzen häufiger den Computer, das Tablet, das Smartphone. Familienfernsehen ist nicht mehr so gefragt, das Fernsehgerät läuft zunehmend nebenbei, während parallel andere Geräte bedient werden. Infolgedessen sinkt die Aufmerksamkeit für die Fernsehwerbung. Wie kann diese Lücke genutzt werden? Was schafft anderswo Aufmerksamkeit?

Um dieser Wirkungslücke vorzubeugen, testete der Konsumgüterhersteller Unilever bei der Einführung der fünf neuen Geschmacksrichtungen der Eissorte "Magnum 5 Kisses" einen Kampagnenmix mit Citylight-Plakaten. Das Resultat: Die Kombination der beiden Werbeträger TV und Außenwerbung führte zu einer Effizienzsteigerung. Durch die Außenwerbung konnten 20 Prozent mehr Nettoreichweite in der jungen Zielgruppe erreicht werden. Diejenigen, die nur TV-Spots gesehen hatten, konnten sich weniger gut an die neuen Magnum-Sorten erinnern und kauften sie auch weniger als diejenigen, die sowohl TV-Spots als auch die Außenwerbung wahrgenommen hatten. (3)

Deutschland hinkt hinterher

Freilich ist der Anteil der Außenwerbung am gesamten deutschen Werbekuchen relativ klein. Sie erhält gerade mal fünf Prozent der Werbeausgaben (zum Vergleich: Fernsehen liegt bei 25 Prozent). [Abb. 1] Ihr Jahresumsatz liegt knapp unter einer Milliarde Euro. Außenwerbung erzielte in den ersten acht

Monaten des Jahres 2012 laut Nielsen Bruttowerbeausgaben in Höhe von 781 Millionen Euro, davon entfielen 664 Millionen Euro auf das Werbemedium Plakat. Damit hinkt Deutschland in der Außenwerbung anderen europäischen Ländern hinterher. In Frankreich fließen zwölf, in Russland sowie in China 15 Prozent, in Großbritannien knapp zehn Prozent der Werbeausgaben in Außenwerbung. (4), (5), (1)

JCDecaux international Nr. 1, in Deutschland rivalisieren Ströer und Wall Decaux

Die weltweite Nummer eins in der Außenwerbung ist der französische JCDecaux-Konzern, auf zweiter Position folgt die amerikanische Clear Channel, der dritte Rang gehört CBS Outdoor America.
Nach eigenen Angaben wurden die City-Light-Poster und City-Light-Boards von JCDecaux in Deutschland eingeführt und zählen zu den umsatzstärksten Produkten in der Außenwerbung. Derzeit beschäftigt die JCDecaux-Gruppe in Deutschland rund 600 Mitarbeiter und wird vom Unternehmenssitz Köln aus geführt. JCDecaux ist tätig in den Bereichen Stadtmöblierung, Transportmedien und Außenwerbung, in 3 700 Städten präsent und

beschäftigt über 10 000 Mitarbeiter. Der Unternehmensumsatz der Decaux-Gruppe betrug 2,6 Milliarden Euro im Geschäftsjahr 2012. (6), (7)

Marktführer im deutschen Out-of-Home-Markt ist die Kölner Ströer AG. Sie rivalisiert mit der Berliner Wall Decaux, die 2009 mehrheitlich von JCDecaux übernommen wurde. Die beiden Wettbewerber verfolgen sehr unterschiedliche Strategien. Ströer setzt auf Diversifizierung, Crossmedia und mutige Investitionen in neue Geschäftsfelder, ist ins Onlinegeschäft eingestiegen und träumt von der Kombination von Out-of-home und Bewegtbildern. Wall Decaux gibt der Konzentration auf das Kerngeschäft den Vorzug, setzt auf eine konsequente Digitalisierung seiner Werbeflächen, vor allem auf den Straßen und Plätzen in den großen Städten und will in Deutschland in fünf Jahren mindestens zehn Prozent der Umsätze mit digitaler Außenwerbung erzielen. (8), (9), (10)

Trends

Als gegenwärtige Entwicklungen in der Außenwerbung gelten die Digitalisierung, die Medienkonvergenz und neue Darstellungsformen, wie etwa 3D; beobachtet wird eine wachsende Nachfrage nach großformatigen Digitaldrucken. (11)Noch sind Plakate aus Papier Gang und gäbe, doch das könnte

sich zukünftig ändern. Digitale Plakate werden kommen. Sie kennen beispielsweise die Uhrzeit, das Wetter, die Verkehrsströme, sie "er-kennen" den Konsumenten und seine Bedürfnisse -und leiten ihn ins nächste Geschäft. Der Außenwerber Wall Decaux digitalisierte den Berliner U-Bahnhof Friedrichstrasse. Im März 2014 wird es in Wien am Stephansplatz die erste voll-digitalisierte U-Bahn-Station mit ausschließlich digitalen Werbeflächen basierend auf neuer Bildschirm-Technik geben. (12), (13), (7)Wenn die Digitalisierung voranschreitet, wird die teure Außenwerbung auch als Werbemedium für kleine und mittlere Unternehmen interessant werden. (7)Die Mediaplaner wünschen sich mehr digitale Werbeträger, mehr Flexibilität bei den Buchungsmodalitäten, kürzere Vorlaufzeiten und größere preisliche Transparenz.
(12)Medienkonvergenz kann bedeuten, nicht nur ein Mittel der Außenwerbung zu wählen, beispielsweise die Plakattafel, sondern das Produkt bzw. die Werbekampagen auf mehreren Out-of-Home-Medien zu präsentieren: vom Rolling Board über City Lights und Megaboards bis hin zu Infoscreen und Screens in Verkehrsmitteln, und dies an allen möglichen Orten, von der Straße über interaktive Wartehäuschen bis zu Rolltreppen und Bahnsteigen in Bahn- und U-Bahnstationen. (7)

Fallbeispiele

Zu den wirkungsvollsten Plakat-Werbungen des vergangenen Jahres zählten die Plakate für Coca-Cola in Mini-Dosen, für die E-Klasse von Mercedes-Benz und für Milkas Kuchen Choco Twist. (14) Österreichs größter Plakatstellenbetreiber, Epamedia, gestaltete für den Kunden Salzburger Sportwelt eine Poster-Light-Kampagne mit Sonderinstallationen an stark frequentierten Verkehrsknotenpunkten im Großraum Wien, wie beispielsweise am Verteilerkreis in Favoriten. Damit soll eine hohe Aufmerksamkeit für die Salzburger Sportwelt geschaffen werden. (15) Besonders beliebt ist Außenwerbung an Flughäfen, wie die Studie Airport Stories World von Außenwerber JCDecaux belegt. 85 Prozent der Vielflieger geben an, dass ihnen Flughafenwerbung gefällt. Für 42 Prozent der Befragten, also fast jeden Zweiten, gehört ein Besuch von Ausstellungsflächen zum bevorzugten Zeitvertreib. (16) JCDecaux hat mit der brasilianischen Stadt São Paulo einen 25-Jahres-Vertrag über die Entwicklung, Herstellung, Installation, Wartung und Vermarktung der Werbeflächen an öffentlichen digitalen Uhren geschlossen. In Madrid sicherte sich das Unternehmen die exklusiven Werberechte für das gesamte Liniennetz der Metro. Während der Londoner Fashion Week belegte das Modelabel

Burberrys drei Tage lang die digitalen Werbeschirme von JCDecaux auf der Hauptverkehrsachse zum Flughafen Heathrow. JCD spielte Bilder vom Laufsteg und Tweets von Menschen, die in der Schau saßen, live auf den Werbeflächen ein. In Frankfurt wurde in einem Joint Venture mit der Fraport AG ein LED-Konzept mit sechs großen Bildschirmen in einer Reihe auf der Vorfahrt des Flughafens installiert; Sprachen und Werbebotschaften können dort flexibel im Tagesablauf geändert werden. Im Dezember meldete JCDecaux, dass der Stadtrat von Paris den Vertrag über 2 000 Fahrgastunterstände mit integrierten Werbeflächen in Paris um weitere 15 Jahre verlängert hat. JCDecaux wird das gesamte bestehende Wartehallennetz, das 1 920 Einheiten umfasst - darunter 189 ohne Werbeflächen -, durch 2 000 neue Buswartehallen ersetzen. Die neuen Wartehallen wurden von dem französischen Designer Marc Aurel speziell für die Pariser Stadtlandschaft entworfen. (8), (1), (6)

Zahlen & Fakten

Abbildung 1: Marktanteile am Werbemarkt nach Werbeträgern 2012, 2017

Werbeträger	2012	2017 *
Online	29%	38%
Fernsehen	25%	26%
Zeitungen	23%	15%
Zeitschriften	14%	13%
Außenwerbung	5%	6%
Hörfunk	4%	5%
Videospiele	unter 1%	1%
Kinowerbung	unter 1%	unter 1%

* Prognose.

Quelle: PwC, Informa Telecoms & Media Entnommen aus: Horizont, 42/2013, S. 31 (4)

Weiterführende Literatur

(1) »Wir reißen alles Überalterte ab«
aus WirtschaftsWoche NR. 003 vom 13.01.2014 Seite 062

(2) Mehr als nur QR-Codes scannen
aus werben & verkaufen Nr. 47 vom 18.11.2013, S. 42

(3) Crossmedial unterstützen
aus werben & verkaufen Nr. 49 vom 02.12.2013, S. 40

(4) D: Umsatz, Werbemarktanteile und Konsumentenausgaben bei Medien 2012-2017
aus Horizont, 42/2013, S. 31

(5) D: Markt für Außenwerbung 2011-2012
aus Horizont, 39/2012, S. 27

(6) JCDecaux verlängert Vertrag über 2.000 Fahrgastunterstände mit integrierten Werbeflächen in Paris um weitere 15 Jahre
aus Horizont, 39/2012, S. 27

(7) Digitalisierung & Konvergenz
aus "A3BOOM" Nr. 11-12/2013 vom 12.12.2013 Seite 69

(8) „Wir setzen die Maßstäbe"
aus Horizont 41 vom 10.10.2013 Seite 014 bis 015

(9) WERBUNG IN 60 STÄDTEN
aus Märkische Allgemeine vom 19.11.2013, Seite ORA4

(10) Der Kern des Geschäfts
aus Horizont 41 vom 10.10.2013 Seite 002

(11) Die dritte Ebene liegt im Trend
aus "Medianet" Nr. 1739/2013 vom 13.12.2013 Seite 13

(12) Arbeiten an der Beweglichkeit
aus Horizont 39 vom 26.09.2013 Seite 042

(13) Medien-Trends 2018
aus "A3BOOM" Nr. 11-12/2013 vom 12.12.2013 Seite 70,71,72

(14) Die effizienteste Werbung 2013

aus werben & verkaufen Nr. 51 vom 16.12.2013, S. 20

(15) Epamedia bewirbt Wintersport
aus "Medianet" Nr. 1736/2013 vom 10.12.2013 Seite 12

(16) Auf dem Weg zum Gate
aus Horizont 49 vom 05.12.2013 Seite 021

Impressum

Außenwerbung - Vom Litfaßsäulen-Plakat zur Stadtmöblierung

Bibliografische Information der deutschen Nationalbibliothek

Die Deutsche Nationalbibliothek verzeichnet diese Publikation in der deutschen Nationalbibliografie; detaillierte bibliografische Daten sind im Internet über http://dnb.d-nb.de abrufbar.

ISBN: 978-3-7379-5732-8

© 2015 GBI-Genios Deutsche Wirtschaftsdatenbank GmbH, Freischützstraße 96, 81927 München, www.genios.de

Alle Rechte vorbehalten. Dieses Werk ist einschließlich aller seiner Teile – z.B. Texte, Tabellen und Grafiken - urheberrechtlich geschützt. Jede Verwertung außerhalb der Grenzen des Urheberrechtsgesetzes bedarf der vorherigen Zustimmung des Verlags. Dies gilt insbesondere auch für auszugsweise Nachdrucke, fotomechanische

Vervielfältigungen (Fotokopie/Mikroskopie), Übersetzungen, Auswertungen durch Datenbanken oder ähnliche Einrichtungen und die Einspeicherung und Verarbeitung in elektronischen Systemen.